サービス接遇検定
受験ガイド

準1級

公益財団法人　実務技能検定協会

まえがき

　「サービス」とは,「相手に満足を提供する」ということです。相手が快適であると感じるような世話とか,相手が感じがいいと思うような言葉遣いで接するとかのことです。
　この,相手に満足を提供する行動を「接遇」といいます。これをビジネスの場の実務として表現すると,「サービス接遇実務」ということになります。
　今日,あらゆる場面で競争が繰り広げられています。競争は勝とうとして行われます。例えば,同じ物でも安く売るというサービスで,競争に勝つこともあります。しかし今日,価格のサービスだけでお客さまに満足してもらい,競争に勝つことは難しくなっています。
　そこで,競争に勝つためのその他の条件は何かということで,サービスと接遇が問い直され,新たな価値観によって注目されるようになりました。
　何かをしてもらう,あるいは物を買うとき,人は快適なサービスと接遇で応対してくれる方へ行きますから,サービス接遇は,「形はないが金銭的価値のある行為」ということになります。
　金銭的価値のあるサービス接遇が,行為としてはっきり分かる業務をサービス業といいますが,では,それ以外の業務のサービス接遇はどのようになっているのでしょうか。
　会社の仕事,病院の仕事,官公庁の仕事など,どれを取ってもサービス業のようなサービスの形はありませんが,どの仕事も相手に満足してもらうために行われています。ということは,ビジネスにはすべてサービス接遇の要素があり,そのサービス接遇に相手は満足しているということです。
　この本は,＜サービス接遇実務検定＞受験・合格対策用ですが,この本でビジネスの場でのサービス接遇というものの,具体的な考え方,行動の仕方,口の利き方などが分かります。この本で学び,サービス接遇実務能力者として活躍されることを期待いたします。

本書の使い方

『サービス接遇検定受験ガイド準1級』(以下『ガイド準1』)は,「サービス接遇実務審査基準」(P.14)に基づいて編集されたテキストです。
　そしてこの『ガイド準1』では,3級2級で学んできたサービススタッフとしての態度・振る舞い,言葉遣い,話の仕方などを,実際場面でどう表現するか,また,サービス接遇者にふさわしい**愛想のある態度(雰囲気)**をいかにパフォーマンスしていくかを解説しています。

　さて本書は,面接課題である「Ⅰ基本言動」「Ⅱ接客応答」,そして「Ⅲ接客対応」の三部構成になっています。それぞれイラストで実践的に解説していますので,一つずつ丁寧に学習を進めてください。

　　＊それぞれの項目の後に設定してある「留意事項」と「アドバイスぷらすワン」も必ず確認しておいてください。
　　†ここでは,『サービス接遇検定受験ガイド3』(以下『ガイド3』)と『同2級』(以下『ガイド2』)で紹介した話し方の事例を音読するとよい,などと表示している箇所があります。これは例えば,話し方の事例を繰り返し音読することにより,正しい言葉遣いとともに表現力も身に付くとの編集方針からです。必要に応じて活用してください。
　　†同様に,「『ガイド3』と『ガイド2』を参照のこと」という箇所もありますが,これはあくまでも基本の確認の重要性を考えてのことです。適宜,確認しておいてください。
　　＊『ガイド準1』と『サービス接遇検定準1級／1級面接合格マニュアル改訂版(DVD)』(別売)を併用すれば,より効果的に学習を進めることができるでしょう。

　また随所にコラムを設け,面接に関連した内容や実際の現場での接客場面などを紹介しています。改めて,サービススタッフならではの使命(ミッション),そしてその働きぶり,サービスマインドを学んでください。
　　＊コラムに引用した事例の書籍も,機会があれば,ぜひ手にとってお読みください。サービス接遇のベストな実務教養書です。

　それでは,序「面接試験の概要」から始めていきましょう。面接を受けるための全体のフローです。

目次

まえがき ……………………………………………………… 3
サービス接遇実務検定の受け方 …………………………… 6

序 面接試験の概要

(1) 面接試験の概要
① 面接試験の特長 ……………………………………… 12
② 面接試験の課題 ……………………………………… 13
③ 審査の基準 …………………………………………… 14

(2) 面接試験の実際
① 面接試験の進行手順 ………………………………… 17
② 面接室のレイアウト ………………………………… 18

I 基本言動

(1) 面接室に入る
① 入室前の心得 ………………………………………… 22
② 入室時の振る舞い …………………………………… 23
③ 面接試験の開始は「あいさつ」から ……………… 26

(2) 基本言動
①「いらっしゃいませ」(パネル1) …………………… 29
②「ありがとうございました」(パネル2) …………… 32
③「はい,承知いたしました」(パネル3) …………… 37
④「いかがでございますか」(パネル4) ……………… 40

CONTENTS

Ⅱ 接客応答

(1) 接客応答
① 課題2「接客応答」に取り組む ……………………………… 46
②「お客さま，お忘れ物でございますが」(パネルA－1)… 47
③「案内するのでこっちへどうぞ」(パネルA－2)………… 50
④「お客さま，お荷物をお預かりいたします」(パネルB－1)… 54
⑤「注文は決まったか」(パネルB－2)……………………… 57
⑥「どうぞご自由にお持ちくださいませ」(パネルC－1)… 61
⑦「この品物でいいか」(パネルC－2)……………………… 64

Ⅲ 接客対応

(1) 接客対応
① 課題3「接客対応」に取り組む ……………………………… 70
② お客さまを迎える ……………………………………………… 72
③ お客さま対応1 ………………………………………………… 76
④ お客さま対応2 ………………………………………………… 78
⑤ お客さま対応3 ………………………………………………… 80
⑥ お客さま対応4 ………………………………………………… 82
⑦ 退室 …………………………………………………………… 84
⑧ 総仕上げ ……………………………………………………… 86

サービス接遇実務検定の受け方

1 サービス接遇実務検定試験の概要

①サービス接遇実務検定試験の範囲
試験の範囲は次の5領域です。
- Ⅰ　サービススタッフの資質
- Ⅱ　専門知識
- Ⅲ　一般知識
- Ⅳ　対人技能
- Ⅴ　実務技能

級位には3級，2級，準1級，1級があり，それぞれの級位によって，必要とされる技能の段階に違いがあります。詳しくは「審査基準」をご覧ください。

②筆記試験において期待される知識・技能の程度
■1 3級の程度…サービス接遇実務について初歩的な理解を持ち，基本的なサービスを行うのに必要な知識，技能を持っている。
■2 2級の程度…サービス接遇実務について理解を持ち，一般的なサービスを行うのに必要な知識，技能を持っている。
■3 1級の程度…サービス接遇実務について十分な理解，および高度な知識，技能を持ち，専門的なサービス能力が発揮できる。
＊準1級は，面接試験のみ実施

③試験の方法
3級・2級は筆記試験のみ，準1級は面接試験のみ実施。
1級は筆記試験合格者のみ面接試験があります。

④受験資格
誰でも受験することができます。学歴・年齢その他の制限は，一切ありません。

⑤試験実施日
年2回実施します。

⑥検定についてのお問い合わせ
試験の実施日・会場・検定料，合格通知，合格証の発行などについては，「検定案内」をご覧ください。その他，不明の点は，下記へお尋ねください。

> 公益財団法人　実務技能検定協会　サービス接遇検定部
> 〒169-0075　東京都新宿区高田馬場一丁目4番15号
> 電話（03）3200-6675

2 サービス接遇実務審査基準

サービス接遇実務の審査基準は以下の通りに定められています。

3 級

程度	領　　域	内　　容	
サービス接遇実務について初歩的な理解を持ち、基本的なサービスを行うのに必要な知識、技能を持っている。	Ⅰ サービススタッフの資質	(1) 必要とされる要件	① 明るさと誠実さを、備えている。 ② 適切な判断と表現を、心得ている。 ③ 身だしなみを心得ている。
		(2) 従業要件	① 良識を持ち、素直な態度が取れる。 ② 適切な行動と協調性が期待できる。 ③ 清潔感について、理解できる。 ④ 忍耐力のある行動が期待できる。
	Ⅱ 専門知識	(1) サービス知識	① サービスの意義を、一応、理解できる。 ② サービスの機能を、一応、理解できる。 ③ サービスの種類を知っている。
		(2) 従業知識	① 商業用語、経済用語が理解できる。
	Ⅲ 一般知識	(1) 社会常識	① 社会常識が理解できる。 ② 時事問題を、一応、理解している。
	Ⅳ 対人技能	(1) 人間関係	① 一般的に、人間関係が理解できる。
		(2) 接遇知識	① 対人心理が理解できる。 ② 一般的なマナーを心得ている。 ③ 接遇者としてのマナーを心得ている。
		(3) 話し方	① 接遇用語を知っている。 ② 接遇者としての基本的な話し方が理解できる。 ③ 提示、説明の仕方が理解できる。
		(4) 服装	① 接遇者としての適切な服装が理解できる。
	Ⅴ 実務技能	(1) 問題処理	① 問題処理について、理解できる。
		(2) 環境整備	① 環境整備について、理解できる。
		(3) 金品管理	① 金品の管理について、理解できる。
		(4) 社交業務	① 社交儀礼の業務について、理解できる。

2 級

程度	領域		内容	
サービス接遇実務について理解を持ち、一般的なサービスを行うのに必要な知識、技能を持っている。	Ⅰ サービススタッフの資質	(1) 必要とされる要件	①	明るさと誠実さを、備えている。
			②	適切な判断と表現ができる。
			③	身だしなみを心得ている。
		(2) 従業要件	①	良識を持ち、素直な態度が取れる。
			②	適切な行動と協調性のある行動を、取ることができる。
			③	清潔感について、理解できる。
			④	忍耐力のある行動を、取ることができる。
	Ⅱ 専門知識	(1) サービス知識	①	サービスの意義を理解できる。
			②	サービスの機能を理解できる。
			③	サービスの種類を理解できる。
		(2) 従業知識	①	商業活動、経済活動が理解できる。
			②	商業用語、経済用語が理解できる。
	Ⅲ 一般知識	(1) 社会常識	①	社会常識がある。
			②	時事問題を理解している。
	Ⅳ 対人技能	(1) 人間関係	①	人間関係の対処について、理解がある。
		(2) 接遇知識	①	顧客心理を理解し、能力を発揮することができる。
			②	一般的なマナーを発揮できる。
			③	接遇者としてのマナーを、発揮することができる。
		(3) 話し方	①	接遇用語を知っている。
			②	接遇者としての話し方ができる。
			③	提示、説明ができる。
		(4) 服装	①	接遇者としての適切な服装ができる。
	Ⅴ 実務技能	(1) 問題処理	①	問題処理について、対処できる。
		(2) 環境整備	①	環境整備について、対処できる。
		(3) 金品管理	①	金品の管理について、能力を発揮できる。
		(4) 金品搬送	①	送金、運搬について、理解できる。
		(5) 社交業務	①	社交儀礼の業務について理解し、処理できる能力がある。

準1級

2級試験合格者を対象に、サービス接遇担当者としての口頭表現について面接による簡単な審査を行う。

1　級

程度	領　　域	内　　容		
サービス接遇実務について十分な理解、および高度な知識、技能を持ち、専門的なサービス能力が発揮できる。	Ⅰ サービススタッフの資質	(1) 必要とされる要件	①	明るさと誠実さを、備えている。
			②	適切な判断と表現ができる。
			③	身だしなみを心得ている。
		(2) 従業要件	①	良識を持ち、素直な態度が取れる。
			②	適切な行動と協調性のある行動を、取ることができる。
			③	清潔感について、理解できる。
			④	忍耐力のある行動を、取ることができる。
	Ⅱ 専門知識	(1) サービス知識	①	サービスの意義について、深い理解がある。
			②	サービスの機能を理解し、十分発揮できる能力がある。
			③	サービスの種類を活用できる。
		(2) 従業知識	①	商業活動、経済活動について、深い理解がある。
			②	商業用語、経済用語について、深い理解がある。
	Ⅲ 一般知識	(1) 社会常識	①	社会常識を、十分活用できる。
			②	時事問題を、十分理解している。
	Ⅳ 対人技能	(1) 人間関係	①	人間関係の対処について、発揮できる能力がある。
		(2) 接遇知識	①	顧客心理を理解し、十分能力を発揮することができる。
			②	一般的なマナーを、十分発揮できる。
			③	接遇者としてのマナーを、十分発揮することができる。
		(3) 話し方	①	接遇用語を知っている。
			②	接遇者としての高度な話し方ができる。
			③	提示、説明、説得ができる。
		(4) 服装	①	接遇者としての適切な服装ができる。
	Ⅴ 実務技能	(1) 問題処理	①	問題処理について、効率よく対処できる。
		(2) 環境整備	①	環境整備について、十分対処できる。
		(3) 金品管理	①	金品の管理について、十分能力を発揮できる。
		(4) 金品搬送	①	送金、運搬について、能力を発揮できる。
		(5) 社交業務	①	社交儀礼の業務について、深く理解し処理できる能力がある。

(備考)
　サービス接遇担当者としての口頭表現について面接による審査を付加する。

Ⓒ 公益財団法人 実務技能検定協会

序
面接試験の概要

1 面接試験の概要
2 面接試験の実際

面接試験の概要

① 面接試験は,「基本言動」「接客応答」「接客対応」の3課題。
② 試験は,ロールプレイング(役割演技)で行う。
③ 審査の基準は,「愛想のある態度(雰囲気)が普通を超えている」。

1 面接試験の特長

1 面接試験の意義

　面接試験は,一般的には口頭試問で知識が問われるものですが,サービス接遇検定の面接試験は,知識が問われる試験ではありません。
　「サービス接遇」とは,サービスの場面での人の応対ということですが,それがどのようにできるかを問われるのが,この検定試験です。
　誰にも経験があると思いますが,サービスを受ける立場で相手と接したとき,相手が**笑顔で愛想よく受け答え**をしてくれたら,どうでしょう。そのときの気持ちは**快適**です。
　課題1の「基本言動」では,「いらっしゃいませ」「ありがとうございました」を,お辞儀をしながら言います。とても簡単なことですから,誰にもできますが,これの出来方が問題なのです。
　明るく感じよく,きちんと丁寧にすればよいということは,知識としては誰にも分かります。しかし,実際にできるかとなると,言い方もまちまち,お辞儀の仕方も,態度もまちまちということで,そこに,この検定の面接試験が存在する意義があるということになります。
　笑顔とか,言い方とか,態度などを総合したものが,「愛想」「愛嬌」ということになりますが,その**感じのよさをロールプレイング(面接試験)で問うのが,この検定の特長**ということになります。

2 あいさつの意義

　「あいさつに始まりあいさつに終わる」という言葉がありますが,さて,サービス接遇における「あいさつ」とはどのようなものでしょうか。それは,お客さまが第一印象で,**「感じがよく,快適だ」と思ってもらえるようなあいさつ**のことです。しかも形式を超えた,お客さまへの親愛の情を

込めたあいさつができるということです。

　面接試験では，この「あいさつの仕方」を重要な審査事項にしています。それはあいさつが，**「愛想のある態度（雰囲気）が普通を超えている」**（審査の基準）ことを満たす基本条件の一つだからです。

　このきちんとしたあいさつやお辞儀を形づくるものが，全身に**張りのある体勢**です。そして，この張りのある体勢から，けじめ（節度）のある生活態度や礼儀正しさ，何事にも臆することのない自信，などがイメージされます。だからこそ，**就職面接の場でも「私はアルバイトや社員を雇用するとき，姿勢は重視する」**（竹内一郎著『人は見た目が９割』新潮新書）としているわけです。

　従って本書では，重要な審査事項である「あいさつの仕方」を，さまざまな視点から取り上げ，その都度，点検と確認ができるようにしています。この繰り返しが，ベストなあいさつの仕方を表現していくための基盤づくりになるからです。

　この基本が盤石であれば，準１級面接はもちろんのこと，１級面接や就職面接の場でも高い評価を得られるでしょう。**人から評価される第一歩はきちんとしたあいさつの仕方そのものにある**のですから。

　これが，「あいさつ」の意義であり，面接試験のもう一つの意義でもあります。

2　面接試験の課題

1　あいさつ・基本言動

　面接試験は，「あいさつ」で開始します。ここで受験番号と名前を名乗ります。

　課題は，パネルで「いらっしゃいませ」「ありがとうございました」「はい，承知いたしました」「いかがでございますか」の四つが提示されます。この4課題を，接遇者としてふさわしい言葉と動作で表現します。

2　接客応答

　「お客さま，お忘れ物でございますが」と「案内するので，こっちへどうぞ」の2課題がパネルで提示されます。前者はそのままの言葉を愛想よく言い，後者は丁寧な言葉に直して愛想よく言います（他の受験者は別の課題になるが，その趣旨に変わりはない）。

1 ■ 面接試験の概要　　13

3 接客対応

お客さま（審査員）に，販売スタッフとして用意してある商品の模擬販売（言葉・言い方・動作）を行います。

3 審査の基準

1 審査コンセプト
「サービス接遇者に必要な，ふさわしい話し方・態度・物腰が感じられる」
2 審査の基準
「愛想のある態度（雰囲気）が，普通を超えている」
3 審査のポイント
　①親　近　感 ＝ 態度や言い方など全体の印象に親しみを感じる。
　②愛　　　嬌 ＝ 表情や所作に人に好感を与えるものがある。
　③表　　　情 ＝ 人を和ませる表情（笑み，親しみが顔に表れている）
　④振る舞い ＝ 接遇の動作に信頼できるものが感じられる。
　⑤言　い　方 ＝ 言い方に明るさと丁寧さが感じられる。
　⑥物　　　腰 ＝ 人に接する態度に謙虚さが感じられる。

　◆物腰－親しみのある態度と，お客さまを立てた態度とをとることができる（お客さまに接するときの態度）。
　◆話し方－明るく生き生きとしていて，親しみのある話し方ができる。
　◆言葉遣い－お客さまを立てた丁寧な言葉遣いができる。

審査のポイントは分けて説明していますが，実際には分けきれません。例えば「愛嬌」は，**親近感，顔の表情，話し方，腰が低いなど，それぞれが混ざり重なり合って「愛嬌」**になっています。従って，**雰囲気**のようなものということになります。そのレベルが一般の人より高いかどうかが，審査の基準ということになります。

なお，服装や髪形などは，審査の対象としていません。ポイントは，**「愛想」と「愛嬌」**です。

Column

サービススタッフの「華のある」雰囲気を
つくるもの ── それが「愛想」と「愛嬌」

愛嬌はパーソナリティー

「あの人は愛嬌があるからみんなに好かれる」。

「あの人は愛嬌があるから憎めない」。

こんな言葉、耳にしたことありませんか。

でも、なぜ、このような言い方になるのでしょうか。それはきっと、この人たちが、いつも明るい表情で、わたしたちの心を大きく包み込んでくれる**雰囲気**を持っているからなのです。

あなたにも、そんな経験ありませんか。その人に接すると、こちらの表情までつい緩んでしまうようなこと。そして、これが「**態度に笑み**」(木村政雄著『笑いの経済学－吉本興業・感動産業への道』集英社新書)のある**愛嬌**なのです。**キーワードは**「**愛嬌にこにこ**」です。

さて、この「愛嬌にこにこ」。特に、どのような場面で活躍するでしょうか。その一例を紹介しましょう。

例えば、お店に初めてのお客さまが見えたとします。そのお客さま、何やら「どんなお店かしら」と、どこかうかがうような、不安な気持ちでいるようです。

そんなとき、にこやかに「いらっしゃいませ」と、愛嬌のあるスタッフに迎えられたら、どうでしょう。これだけでお客さまの気持ちは和みます。親しみもわいてきます。そんな雰囲気をつくるのが、サービススタッフの愛嬌というわけです。こういうスタッフであれば、お客さまも気兼ねすることなく、くつろいだり、品を選んだりすることもできるでしょう。

愛想はパフォーマンス

では、**愛想**とは何でしょうか。「**お客さまに喜んでもらうための言い方、言葉、態度（応対の仕方）**」のことです。これは、**人当たりが良い（柔らかい）**といってもよいものです。

例えば、「ありがとうございました」と言うときでも、明るく、柔らかな調子であいさつする。また、「ありがとうございました」とだけ言うのではなく、「外は雨模様でございます。どうぞ、お気を付けて」な

どと，お客さまの心に残る言葉を一言(ひとこと)添えてあいさつする。これが愛想です。**キーワードは「愛想もてなし」**です。

　ところで，そつなく事務的に応対はしてくれるのだけれども，何かよそよそしい雰囲気で，いまひとつ，心に響かない。こんなケースに出会ったことありませんか。そして，つい，「愛想の一つも言ってみてよ」などと思ったこと。そうです。これが愛想も小想も尽き果てる応対の事例（反面教師）です。

●

　ちなみに，**夏目漱石の『虞美人草』**（岩波文庫）に，
「**愛嬌というのはね，──自分より強いものを艶(たお)す柔かい武器だよ**」
というくだりがあります。
　これを，サービス接遇の視点からいえば，「**愛想**」と「**愛嬌**」は，**お客さまに期待以上の満足を提供するための重要な営業マインドである**ということになります。これによって，「華のある」スタッフはお客さまを引き付け，事業に貢献していくわけですから。

面接試験の実際

① 試験は3人一組で行い，所要時間は一組10分。
② 一人ずつ3課題に取り組む。1課題の所要時間は1分程度。
③ 試験が終了したら，一人ずつ退出する。

1 面接試験の進行手順

控室に入る
空いている席に座り，番号札を左胸に着けて静かに待ちます。その後，受付で渡された資料（「サービス接遇検定準1級面接試験の受験について」）で，試験の進行内容を係員が説明します。入室時間になりましたら，係員が面接室まで案内します。

面接室に入る
係員の案内で貴重品を持って入室。係員の指示に従って荷物を所定の場所に置いて，審査員に近い椅子から面接番号順に着席します。

課題1「基本言動」
番号を呼ばれたら**「あいさつ」**と**「基本言動」**と書いてある審査員の前に立ち，あいさつをし，パネルで提示された課題を「言葉と動作」で表現します。

課題2「接客応答」
次に**「接客応答」**と書いてある審査員の前に移動し，パネルで提示された課題を「言葉と言い方」で表現します。

課題3「接客対応」
次に**「接客対応」**と書いてある審査員の前に移動し，審査員をお客さまに見立てて，模擬接客対応（「言葉・言い方・動作」）をします。

退室する
試験が終わったら，席に戻らず荷物を持って速やかに退出します。

■退出する際，審査員から〈準1級ロールプレイングアドバイス〉が手渡されます。このシートは，1級受験に際しての自己点検の資料として，また，就職の面接試験のときの参考となるものです。活用してください。
■合否の結果は，面接試験日の約1カ月後に，通知されます。

2 面接室のレイアウト

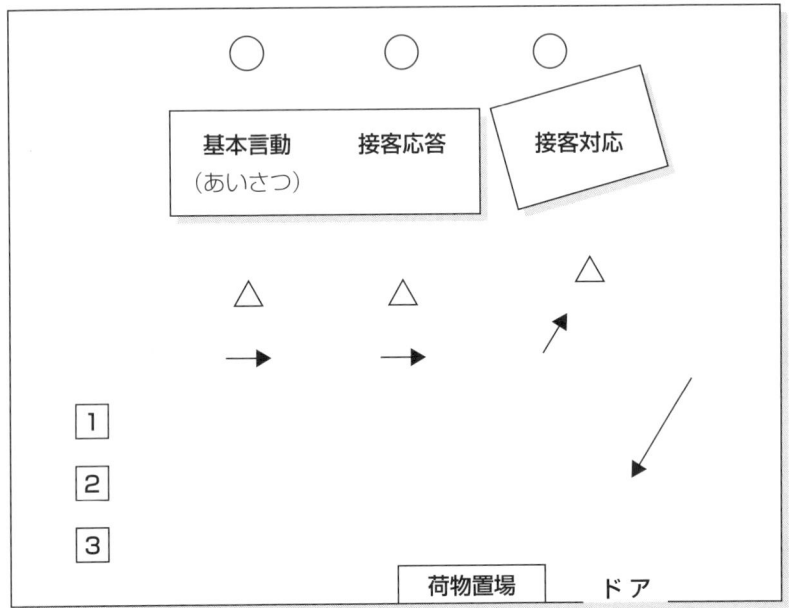

□印は，受験者が座る椅子です。

○印は，審査員です。

△印は，ロールプレイングを行う位置です。

→印は，進む順です。

※ドアや荷物置場の位置は異なる場合があります。

Column

最高の役割演技

サービスは演技力だ

　田辺英蔵さん（元熱海後楽園社長）は「サービスは演技力」だとし，その著書の中で，こう語っています。

　レストランのドアを排して入って来られた五人連れのご家族 ―― 二人の子どもさんはすでに喚声をあげて走り廻っておられる。―― に対して即座に尊敬と愛着を感じろと言われても無理な話です。しかし訓練されたサービス人間は，満面の笑みをたたえ，彼らを抱きかかえるように応対します。最高の演技です。お客さまはレストランないしホテルへ，仕事の相手や配偶者（パートナー）を探しにお見えになるのではありません。一夕の，あるいは一夜の歓を尽くしたいがためにお見えになります。お客さまと従業員お互いの，信頼，能力，愛情を確認する必要はありません。お客さまの求められるものは，お客さまが意識なさるとなさらぬとに関係なく，演技であってそれ以下でもそれ以上でもありません。お客さまの求められるものを提供するのがサービスです。

　　　　　　　　　　（田辺英蔵著『サービスの本質』ダイヤモンド社）

　いかがでしょうか。もちろん，この**演技の中にはお客さまに対する細かな配慮，お客さまに喜んでもらおう，楽しんでもらおうとする職業意識（サービスマインド）が内包**されているのは言うまでもありません。これは，外見だけの単純な話ではないということです。

　そういえば，シェイクスピアは『お気に召すまま』（新潮社）の中で，貴族ジェイキスに「**全世界が一つの舞台，そこでは男女を問わぬ，人間はすべて役者に過ぎない**」と語らせています。言われてみれば確かに，わたしたちは多かれ少なかれ，それなりの役割を演じながら暮らしています。

　「来客に　声・顔変える　妻のわざ」（第一生命『平成サラリーマン川柳傑作選』講談社）

　もその一例でしょうか。つまり，「そのように装って」いるわけです。

サービスのプロはこの「振る舞い」を「演技する心」と理解し，「演技力(パフォーマンス)」を磨いて，(観)客に最高の演技(もてなし)をしています。
　この役割演技，お客さまとの良好な関係をつくり上げていく上で重要なスキルです。そして，その最大のアイテムが「**愛想と愛嬌**」です。これによって，お客さまから好かれる，感じのいい応対ができるからです。

●

与えられた役割を全うするために

　舞台の演出家でもある竹内一郎さんは，その著『人は見た目が９割』（新潮新書）の中で，「人は服装によって変わる可能性がある」とし，「メイクにも似たような効果がある。役者は，舞台に出る前に念入りにメイクをする。自分以外の人間になりきることで，自信を持って演じることができるのだ」と語っています。これは，心理学的な裏付けもあるようで，審査員の前で役割を演じる気恥ずかしさ（心理的抵抗）から自由になる一つの方法かもしれません。
　そこで，当日のサービス接遇面接試験，普段とは全く違うメイクや髪形で，そして，服装も新調したもので，気分も新たに臨んでみたらどうでしょうか。また，デパートやホテル，レストランのサービススタッフのヘアスタイルやさりげなく着こなしている服装を参考に，コーディネートしてみるのもよいでしょう。これだけで「本物らしい振る舞い」（前掲書）に一歩近づくことができる可能性もあるからです。
　さあ，あなたに**与えられた配役(キャスト)**は「**感じのいいサービススタッフ**」です。基本言動から接客対応まで，お客さま（審査員）が感動する最高の演技(パフォーマンス)を見せてください。

I
基本言動

1 面接室に入る
2 基本言動

 面接室に入る

① きちんとした体勢で，入室を待つ。
② 入室時は，丁寧な立ち居振る舞いを意識する。
③ きちんとした態度で，丁寧なあいさつをする。

1 入室前の心得

　控室で，係員から名前を呼ばれたら，3人一組になって面接室に移動します。面接室には係員が案内します。

入室前の光景

　面接室の前に3人とも立ち，入室を待つ。**身なりを整え，背筋を伸ばし，**いつでもきちんとしたお辞儀とあいさつができる**張りのある体勢と雰囲気**をつくっておく。

● 入室前は気持ちを改めて

22　Ⅰ ■ 基本言動

留意事項

- 背筋を伸ばして,体に緊張感を持たせる。体に張りが生まれ,これが丁寧さの基になる。**就職面接でも留意**しておきたい体勢である。
- 手荷物は持ったまま入室し,面接室の中にある荷物置場に置く。その後係員の指示に従って移動する。

2 入室時の振る舞い

係員の案内で,面接室に入ります。

入室時のあいさつ

入り口では,一度立ち止まり,それから審査員に「**失礼いたします**」とあいさつをする。

- 前傾の姿勢で「失礼いたします」と言って,会釈をする

1 ■ 面接室に入る　23

● 前傾の姿勢で「失礼いたします」と言って、会釈をして入る

留意事項

- 体に張りを持たせたまま会釈（浅いお辞儀）をする。これをしないとだらしなく映る。
- あいさつは明るく、お辞儀は、頭だけ下げずに腰から上を倒す。なお、**前傾の姿勢（p.26）**で「失礼いたします」とあいさつをしてから、お辞儀をすると、より丁寧に映る。**就職面接の場での基本的態度。**

着席

入り口でのあいさつを終えたら，**速やかに指定された椅子の方へ進み**，「失礼いたします」と言って会釈をし，それから**着席**する（審査員に近い方から，面接番号順に座る）。**就職面接の場での基本の一つ。**

なお，**席までの移動**は，足を引きずるような歩き方はせずに，**身体に適度な張りを持って，さっさと歩く**こと。

●改まった場でのきちんとした座り方3例

留意事項

- 背筋を伸ばす。背もたれには寄り掛からないこと。
- 膝をそろえて座る（男性はこぶし一つ入る程度）。
- 手は重ねて大腿部の上に置く（男性の場合，手は軽く握り，膝の上に置く）。

3　面接試験の開始は「あいさつ」から

　3人が着席したら，審査員が面接番号で**「1番の方こちらへどうぞ」**と声を掛けます。呼ばれた受験者は，**笑顔で，明るく「はい」と返事**をして立ち上がり，「あいさつ」と「基本言動」と書かれた審査員の前に進みます（このとき，背筋は伸ばし，正面を見たまま，立ち上がり，膝が伸び（一瞬止まる）てから歩き出す。これが一連の丁寧な動作。決して，立ち上がるや否や歩き出さないこと。**就職面接の場でも留意**すること）。

　なお，2番と3番の受験者はそのまま椅子に座って待機します。

丁寧なあいさつの仕方

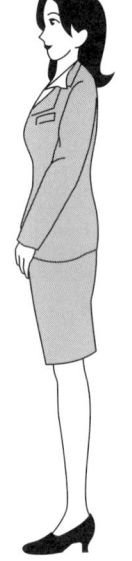
● 最初に，背筋を伸ばし，直立の姿勢をつくる

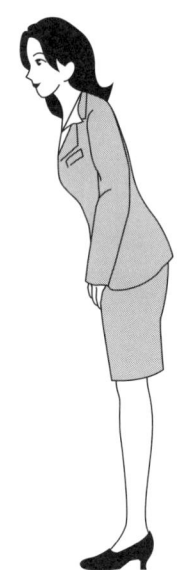
● 直立の姿勢から，前傾姿勢を取り「面接番号1番，○○○○と申します。よろしくお願いいたします」とあいさつ

26　Ⅰ ■ 基本言動

あいさつ

いよいよ**面接試験の開始**。

まず，課題1の前に，以下の要領で**あいさつ**をし，丁寧にお辞儀をする。

面接番号1番，○○○○と申します。

よろしくお願いいたします。

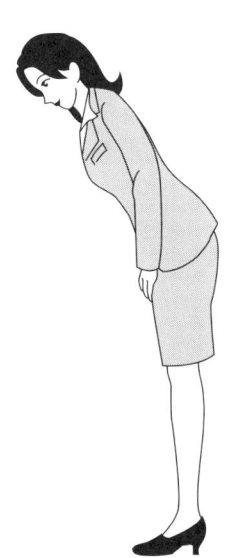

- 前傾の姿勢から，早すぎず遅すぎずの適度なテンポで腰から上を倒す
- お辞儀をしたままの状態で，一瞬，止める。これが「丁寧さ」を表す「間」
- 直立の姿勢に戻すときは，下げたときよりもゆっくりとしたテンポで

◆前傾姿勢＝体を会釈程度に曲げて，お客さまの目を見て話したり聞いたりするときの姿勢。これが，お客さまを立てた接し方の基本。

留意事項
- 「あいさつ」と「基本言動」は,そこにいる審査員の目を見てする(他の審査員は見なくてよい)。
- 張りのある明るい声であいさつをする。早口で話さない。
- かかとをきちんと付け,張りのある姿勢を保つ(注意しないとつい離れがちになる)。
- 手は後ろ手に組まないで,**前で重ねる**(男女)か**脇**(男)**に置く**。指はきちんとそろえる。
- お辞儀は,背中が丸くならないように気を付ける。(この場合,特に深いお辞儀はしなくてもよい)。

アドバイス●ぷらすワン●
- 相手と面したときの礼儀が**前傾の姿勢**。そして,これがお客さまを意識した(立てた)接し方になる。これによって,**接遇者としての謹みの心も伝わる。サービス接遇検定の重要ポイント**の一つ。
- お辞儀は,早すぎず遅すぎずの適度なテンポで行う。このとき,頭だけ下げて背中が丸くならないように注意する。**あごをやや引き気味にし,頭・首・背中を一直線にする。この張りのある体勢**が,接遇者としての**かしこまった態度**になる。
- **上体を倒した(頭を下げた)後,すぐには戻さず一瞬止め,その後,下げたときよりもゆっくりとしたテンポで戻していく。**これが接遇者としての**心のこもった丁寧なお辞儀の仕方**(『ガイド3』P.86)。**サービス接遇検定の重要ポイント**の一つ。
- 声のトーンは少し高めの方が明るく聞こえるので,あいさつするときの第一声は,特に注意して大きめにする。

 基本言動

① 課題がパネルで提示される（1人4課題）。
② 提示された課題を，接客応対の基本として「言葉と動作」で行う。

1 「いらっしゃいませ」（パネル1）

　審査員が，「それでは，こちらをお願いします」と言って，パネル1を提示します。それでは，笑顔でお客さまをお迎えしてください。

お客さまを迎えるときに言う「いらっしゃいませ」の言葉と態度（お辞儀）を審査員に示しなさい。

1

言動例1

お客さま（審査員）に対して「いらっしゃいませ」と言って，お客さまを迎えるときのお辞儀をする。

留意事項
- お客さまを**お迎えする体勢（前傾姿勢）**を取る。
- 明るい表情と声で，「いらっしゃいませ」と，お客さまの目を見て丁寧にあいさつをし，それからお辞儀をする。
- お客さまの顔を見ながらお辞儀はしないこと。視線は自然に下ろす。
- 上体を倒した（頭を下げた）後，すぐには戻さず一瞬止めること。
- 早口にならないように，少しゆっくりめにあいさつする。

アドバイス・ぷらすワン・
- お客さまは，前傾姿勢で迎える（これが，**お客さまを意識した基本的な接し方。流通サービス業の基本的な態度**）。
- お辞儀は，パネル2の「ありがとうございました」より，やや浅くする。目線は，お辞儀をした状態のまま自然に下げること。そして，上体を起こした後，審査員（お客さま）の目を見る。これが**丁寧できちんとしたあいさつの一連の動き**。
- 表情は明るく。この表情を崩さずに対応すること。これが**愛嬌のある応対**につながり，**親しみのある態度（雰囲気）**をつくる。**サービス接遇の重要ポイント**の一つ。
- ゆっくり話すということは，それだけ言葉に思いを込めているということ。そして，それが**丁寧である**ということ。
- 声のトーンは少し高めの方が明るく聞こえるので，話し始めるときの第一声は，特に注意して高めにする。

2 「ありがとうございました」(パネル2)

　審査員が,「はい,次はこちらです」と言って,パネル2を提示します。さあ,心を込めて,お客さまにお礼のあいさつをしてください。

お客さまが帰るときに言う「<u>ありがとうございました</u>」の<u>言葉</u>と<u>態度</u>(お辞儀)を審査員に示しなさい。

2

言動例2

お客さま（審査員）に対して「ありがとうございました」と言って，お客さまが帰るときのお辞儀をする。

a good example

- 最初に「ありがとうございました」と前傾姿勢で丁寧に言う
- そして，感謝の気持ちを込めて，丁寧にお辞儀をする

a bad example

- 直立姿勢のままであいさつしない

留意事項

- 「いらっしゃいませ」と同様に，**お客さまを意識した体勢（前傾姿勢）**を取る。
- 柔らかなまなざしで，「ありがとうございました」と丁寧にあいさつする。
- 背筋を伸ばし，上体を倒して深いお辞儀をする（会釈程度で済まさない）。このとき，かかとや両手の位置などにも気を配る。
- お辞儀をした後，上体はすぐには戻さず，**一瞬止める**こと。

アドバイス●ぷらすワン●

- パネル1の「いらっしゃいませ」より深いお辞儀をする。上体を倒した（頭を下げた）後，すぐには戻さず一瞬止め，心の中で感謝の気持ちを述べ，その後ゆっくり戻すこと。ここでは特に，この「間」に留意する。これが，**お客さまを意識した丁寧なお辞儀**である。
- お辞儀をし終えた後も，前傾の姿勢を崩さず適度な緊張感を持ってお客さまを見送る。

Column

お辞儀とサービスマインド

「今、『和民』全店ではお辞儀の徹底運動が行われている」。そう語るのは、渡邉美樹さん（ワタミフードサービス株式会社社長）です。ここで、そのお辞儀に対する思いに耳を傾けてみましょう。

　お客様がいらっしゃる。ほんとうに数多くの店のなか、私の店を選んで下さってありがとうございます。自然と笑顔で迎える「いらっしゃいませ、こんばんは」。人は嬉しい時は身も心も弾む。こんばんはの「は」のトーンは上がる。お客様をお席に案内する。注文をいただく。嬉しくて仕方がない。自然とオーダーごとに「ありがとうございます」の声が出る。お客様がお帰りになる。レジでお会計をいただく。お客様が今夜自分の店で過ごしていただいたことが嬉しくてまた来て欲しくて、心から「ありがとうございました」と言ってしまう。そしてなんとなくまだ自分の心が、喜びの感謝の心が伝わっていないような気がしてついついエレベーターまでついていき、エレベーターが閉まるまで深々とお辞儀をしてしまう。

お辞儀は「心の表現」である。
　心の表現であれば当然、他のすべての行動にも影響を与える。「よくぞいらして下さいました」の心を伝えるためのお辞儀ならば、そのお辞儀の前の「いらっしゃいませ」の声はあたたかく、そのお辞儀の後、おしぼりを渡す顔には笑顔があふれ、その笑顔の中の目はお客様の目を見つめ、その心をお客様に伝えようと努力しているはずである。
「本当に私の店を利用して下さってありがとうございました」の心を伝えるためのお辞儀ならば、そのお辞儀の後に「どうでしたか、満足していただけましたか。是非またいらしてください」と自然に言葉があふれ出てくるはずである。外までお見送りをして状況が許すのであればお客様の姿が見えなくなるまで頭を上げないはずである。

　　　　　　　　（渡邉美樹著『サービスが感動に変わる時』中経出版）

いかがでしょうか。
　お客さまのことを，何より第一に思うからこそ，その思いがお辞儀となって表れてくるのでしょう。そして，お客さまとのコミュニケーションの出発点，それがお辞儀ということなのでしょう。

3 「はい，承知いたしました」(パネル3)

　審査員が，「はい，次はこちらです」と，パネル3を提示します。ここでのポイントは，「はい，承知いたしました。お客さまのご要望通りにいたします」という，お客さまを立てた接し方にあります。さあ，実際に取り組んでみましょう。

お客さまに言う，
<u>「はい，承知いたしました」</u>の<u>言葉と態度</u>を審査員に示しなさい。

3

---

2 ■ 基本言動

言動例3

お客さま（審査員）に対して「はい，承知いたしました」と言って，お辞儀などのしぐさをする。

a good example

- 最初に前傾姿勢で「はい，承知いたしました」と，明るく応答
- そして，確かに承ったことを，改めて，お辞儀（会釈）で表す

a bad example

- 口で言うだけではダメ（言い終わったら承ったという意味でお辞儀が必要）

38　Ⅰ ■ 基本言動

留意事項
- 前傾姿勢で,しっかりとした口調で言う。笑顔も忘れないこと。
- 会釈(浅めのお辞儀)した後,すぐに上体は起こさない。
- 直立のままで応対しない。
- 肘を張ってするお辞儀の仕方もあるが,どうしても硬い印象になる。自然体で。
- 両足のかかとはそろえ,つま先はややV字に広げる。これが普通の立ち姿勢。気取ったようなポーズは取らない。
- 無表情で応対しない(気のない応対をしない)。

アドバイス●ぷらすワン●

- まず**お客さまの意向を,謹んで聞くという体勢(前傾姿勢)**が重要。直立のままの応対では横柄な態度に映りかねない。特に接遇者としては一貫して通していかなければならない姿勢(態度)である。
- 気取ったようなポーズは,それだけで近寄りがたい印象を与えてしまう。親しみのある態度は,笑顔だけではない。**全体の雰囲気**である。
- 前傾姿勢のまま,「はい,承知しました」と,しっかり言って会釈をすると,お客さまは,要望をきちんと聞いてくれたと安心する。
- 会釈程度のお辞儀でも,一瞬止めてから上体を起こす。これが丁寧なお辞儀である。**丁寧さは深い浅いだけの問題ではない**ということ。

4 「いかがでございますか」(パネル4)

　審査員が,「はい,最後はこちらです」と,パネル4を提示します。ここでは,身ぶり手ぶりを交えて,「ぜひ,このすばらしい商品をお求めください」という**生き生きとした積極的な感じ**が求められます。さて,あなたなら,どのような役づくりをしますか。

お客さまに品物を見せて,
「いかがでございますか」
と尋ねるときの言葉と態
度を審査員に示しなさい。

4

言動例4

両手に品物を載せ，「いかがでございますか」と，お客さま（審査員）に見せるしぐさをする。

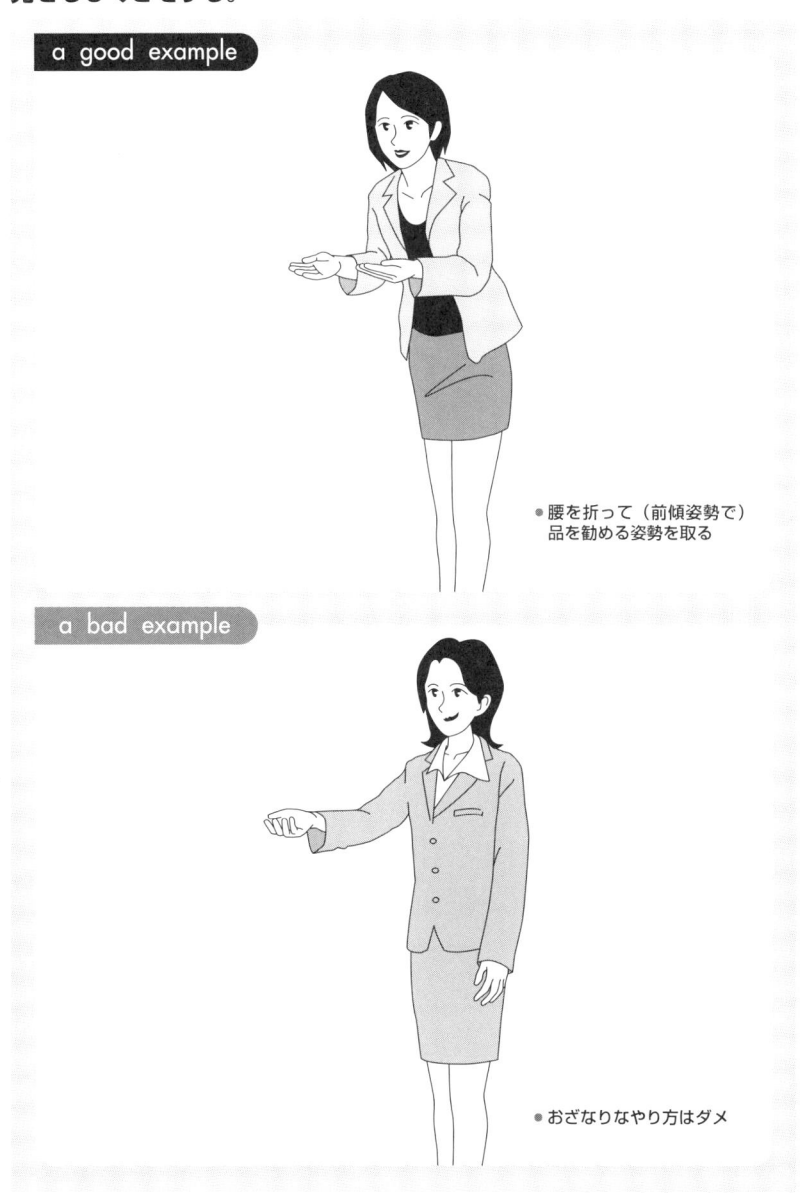

a good example

- 腰を折って（前傾姿勢で）品を勧める姿勢を取る

a bad example

- おざなりなやり方はダメ

留意事項
- お客さまの目を見て,**積極的に品物を勧める体勢(前傾姿勢)**を取る。
- 柔らかな物腰で応対する。
- 棒立ちのまま,品物を勧めない。
- **お客さまを意識した接し方をする。**
- 一本調子の言い方はせずに,しっかりとした言い方で勧める。

アドバイス●ぷらすワン●

- 腰をこごめて(低くして),品物をお客さまの目の前に差し出すぐらいの**積極的な態度**が大切。この積極さが,**明るさと生き生きした言い方**を引き出す。
- 積極的な態度とともに,**しっかりとした話し方**で言うと,お客さまにきちんとした印象を与え,「これはとてもよい商品なのだ」と信頼してもらえる。**サービス接遇検定の重要ポイント。**

Column

あいさつの本当の意味

温かい心からのあいさつ

　林田正光さん（元ザ・リッツ・カールトン大阪営業統括支配人）は，あいさつをすることの重要性について，次のように語っています。

　もし、あなたがどこかのレストランに入ったら、「いらっしゃいませ」と言われるでしょう。喫茶店でも、そのほかのお店でもお客様がいらっしゃったら、「いらっしゃいませ」というあいさつで迎えるものです。
　では、そもそもなぜ「いらっしゃいませ」と言うのでしょうか。
　それは、お店に来ていただいたことへの感謝や歓迎の意を態度で示すためです。
　しかし、お客様は「いらっしゃいませ」と言われて、「感謝されている」「歓迎されている」と感じるでしょうか。
　残念ながら、そう感じることはなく、何となく決まり文句として受け入れているのではないでしょうか。
　それは、店を出るときに言われる「ありがとうございました」にも同じことが言えます。お客様に感謝の意を伝えるために言っているはずですが、当のお客様には、その思いが伝わっていないことが多いのです。
　それは、マニュアルに指示されているから、習慣だからなどの理由で、おざなりに「ありがとうございました」と言っていることが多いからでしょう。
　デパートの入口で、従業員が一列に並んで、「いらっしゃいませ」「ありがとうございました」と言われることがあります。
　あるいは、居酒屋で厨房の奥から大声で「ありがとうございました」と言われることがあります。
　気持ちがいいと感じる人もいるかもしれませんが、私は、あいさつの基本が失われているように感じます。
　あいさつというのは、一人ひとりのお客様と向かい合って、心を込めて交わされるものです。それをほかの作業をしながらとか、お客様のほうを見ることもなしに、あいさつをするというのは、いささか違

和感を覚えます。
(林田正光著『伝説ホテルマンだけが知っている！サービスで小さな奇跡を起こす方法』ダイヤモンド社)

　また，林田さんは，『リッツ・カールトンで学んだ仕事でいちばん大事なこと』(あさ出版)の中で，「テーブルを片づけながら、あるいはお皿を運びながら、お客様に背を向けて、『ありがとうございました』と言っても、それが果たして挨拶と言える」のか、「**あたたかい心からのごあいさつ**」と言えるのか，とも語っています。

●

　いかがでしょうか。
　あいさつの基本は「**仕事の手を止めて、お客様と向かい合ってする**」（前掲書）ことにあります。そして，**このあいさつこそが，「あたたかい心からのごあいさつ」ができる第一歩**ということになるでしょう。

　「あたたかい心からのごあいさつ」は，「感じのよいお見送りを。さようならのごあいさつは心をこめて」とともに、リッツ・カールトンの「サービスの3ステップ」の中にあるものです。それを，**『ガイド2』の**コラム「**すべてはお客さまのために**」**(p.31)** から，また，その具体例を「**愛と感動のレストラン**」**(p.144)** から確認しておいてください。
　そして、ここから、改めて「いらっしゃいませ」「ありがとうございました」などの基本言動の重要性（意味）を認識してください。

II
接客応答

1 接客応答

1 接客応答

① 課題2「接客応答」に取り組む。
② 課題がパネルで提示される（一人2課題）。
③ 提示された課題を,「言葉と言い方」で表現（接客応対）する。

1 課題2「接客応答」に取り組む

　基本言動を終えたら，審査員の「次へどうぞ」の指示で隣の接客応答へ進みます。そして，**「よろしくお願いいたします」**とあいさつします。

　接客応答の内容は，審査員が示すパネルに示された課題を，**接客応対のときの「言葉と言い方」で表現**します。パネルは2枚あり，パネル1は示された課題をそのまま言います。パネル2は示された課題を，丁寧な言い方に直して言います。この二つの応答は連続して行います。

　なお，課題は室内にいる3名ともそれぞれ違います。その違いを，ＡＢＣに分け以下に紹介しますが，その趣旨に違いはありません。

　この課題2は「接客応答」なので，言葉だけでも構いません。でも，実際には，言葉に動作を伴っての応対が一般的でしょうから，本章ではそれに従って構成しています。

　そして，ここから，**言葉と動作が一体になることによって，より雰囲気（表情）のあるお客さま応対ができる**ということを確認してください。

2 「お客さま,お忘れ物でございますが」(パネルA−1)

　審査員が,「それでは,こちらをそのまま言ってください」と言って,パネルを提示します。では,実際に言ってみましょう。

「お客さま，お忘れ物
でございますが」

(A)-1

応答例A−1

「お客さま,お忘れ物でございますが」と,書いてあることをそのまま愛想よく言う。

a good example

- 両手は前で重ねたままでもよい。姿勢は前傾

a bad example

- 直立姿勢で口だけで言うのは不可
- 手は握らない

留意事項

- かかとはきちんと付け，つま先はややⅤ字に広げて前傾姿勢を取る。これが接遇者の**お客さまに対する丁寧な姿勢**である。
- 柔和な表情で，「お忘れ物でございますが」と，柔らかい口調，物腰で，声を掛ける。
- 無表情のまま言うと，無愛想な言い方になり，忘れ物をとがめるようなきつい感じの口調になったりするので注意すること。
- パネルのせりふを，早口で言わないこと。棒読みになり，おざなりな印象になる。
- 両手で，きちんと忘れ物を渡すしぐさをする。このとき，忘れ物を差し出したときの両手はすぐに引っ込めないこと。雑な感じになる。

アドバイス●ぷらすワン●

- お客さまの大切な物をお渡しするのである。そのためには，前傾の体勢から，**両手で丁寧に渡す**ことが大切。そして，このしぐさが**お客さまによい印象を持たれる基**になる。
- 両手は，「お忘れ物でございますが」と言ってから，少し間を置き静かに収める。これが丁寧な渡し方である。
- 柔和な表情で，忘れ物を渡すことによって，お客さまから「感じのよい人だ」と評価される。これが**親しみのある態度**というものになる。**サービス接遇検定の重要ポイント**。
- 言い方は「お客さま，……」と言ってそこで一瞬止めて，「お忘れ物でございますが」と続ける。これで丁寧な言い方になる。これを柔らかい言い方で言えば，忘れ物をしたお客さまの気まずい思いを和らげることができる。これが**サービス接遇検定が目指すサービスマインド**の一つ。
- これだけで，「**お客さまサービスをいつも気に掛けている接遇者の心**」が伝わる。

3 「案内するのでこっちへどうぞ」(パネルA－2)

　審査員が,「次は,こちらを丁寧な言葉に直して言ってください」と言って,パネルを提示します。さて,どのような言い方になるでしょうか。

> 「案内するのでこっち
> へどうぞ」
>
> (A)-2

応答例A-2

「ご案内いたしますので，こちらへどうぞ」などと，丁寧な言葉に直して愛想よく言う。

a good example

● きちんとした体勢が丁寧さの表れ

a bad example

● 丁寧さを意識しない緩んだ体勢はダメ

1 ■ 接客応答　51

留意事項
- お客さまを意識して，**前傾姿勢**で，案内する方向をきちんと手のひらで指し示す（手の指の間は開けないで付ける）。
- お客さまを見て，笑顔で対応する。
- 「こちらへどうぞ」と言って，右手で指し示した後，すぐに手を下ろさない。ぞんざいに映る。
- 抑揚のない一本調子の話し方をしない。**落ち着いた口調**で話す。

アドバイス●ぷらすワン●
- **きちんとした態度が，言葉遣いと言い方を丁寧にする。** そのためには，体全体に適度な張り（緊張感）を持たせて応対する。
- 丁寧な言葉遣いを確実に身に付けるには，『ガイド3』の「話し方」（P.89～P.101）と，『ガイド2』の「話し方」（P.88～P.104）の事例を，繰り返し音読するとよい。正しい敬語の使い方とともに表現力も身に付く。
- 言葉遣いは丁寧でも，言い方の調子によっては丁寧に聞こえないので，丁寧な調子の言い方で話す。**サービス接遇検定が重要視している話し方のポイント**の一つ。
- 「お客さま，ようこそいらっしゃいました」と，**歓迎の気持ちを込めた言い方を笑顔でする**とよい。

Column

「今日は星が出ているかしら」と おっしゃるお客さまへの受け答え

星降る「ザ・ウィンザーホテル洞爺」で
　窪山哲雄さん（ザ・ウィンザー・ホテルズインターナショナル社長）は、**愛情のある受け答えこそ大切**であると，次のように語っています。

　新人たちにどうサービスの本質をわかってもらえばいいのかを突き詰めて考えたとき，「そうだ，愛情という言葉を使えばわかるに違いない」と思ったのである。
　「今日は星が出ているかしら」とおっしゃるお客さまに対して，「出ていると思いますよ」だけの受け答えではなく，「ええ，きっと出ていると思います。よろしければよく見える場所までご案内いたしましょう」と言えるよう，すべてのサービスを「愛情」という観点でとらえればよいのである。
（窪山哲雄著『サービス哲学』インデックス・コミュニケーションズ）

●

　いかがでしょうか。これが「**気配りをプラスした感じのよいお客さま応対**」です。そして，このサービスマインドが根底にあれば，普通を超えた接客応答もできるようになるでしょう。なお，このことについては，『**ガイド3**』（**P.18**）で詳説しています。改めて，そのサービスマインドの基本を確認しておいてください。「**お客さまのために**」という愛情を。

4 「お客さま,お荷物をお預かりいたします」(パネルB-1)

　審査員が,「それでは,こちらをそのまま言ってください」と言って,パネルを提示します。では,実際に言ってみましょう。

「お客さま,お荷物を
お預かりいたします」

(B)-1

応答例B-1

「お客さま,お荷物をお預かりいたします」と,書いてあることをそのまま愛想よく言う。

a good example

- 両手は絵のように前へ出さずに,体の前で重ねたままで言ってもよい

a bad example

- いいかげんな言い方,やり方はダメ

1 ■ 接客応答　55

留意事項
- お客さまから**荷物を預かる姿勢（前傾の体勢）**を取る。それまでは，手は前で重ねておく。両足のかかとをきちんと付けておくのも忘れないこと。
- 積極的に荷物を預かるしぐさ（一歩踏み込み，両手を差し出す）をする。
- 一歩踏み込んだときも，かかとをそろえておくこと。
- 預かるとき，おざなりに手だけを出さないこと。
- パネルのせりふを棒読みせずに，丁寧に言う。

アドバイス ぷらすワン
- お客さまの荷物を預かるには，「ようこそ，いらっしゃいました。お疲れでございましょう」という，**お客さまへのいたわりの心**を持って応対すること。**サービス接遇検定のキーワード**の一つ。
- 一歩踏み込み，てきぱきとした動作で「お預かりいたします」と言って，両手を差し出す。
- そして，**てきぱきとした動作は愛想のある態度と言い方につながる。サービス接遇検定の重要ポイント**の一つ。
- 両足のかかとをきちんと付けるだけで，体全体に適度な張りが生まれる。これによって，相手を意識したきちんとした接し方ができる。

5 「注文は決まったか」(パネルB-2)

　審査員が,「次は,こちらを丁寧な言葉に直して言ってください」と言って,パネルを提示します。さて,どのような言い方になるでしょうか。一度,言ってみてください。

「注文は決まったか」

(B)-2

応答例B−2

「ご注文は，お決まりになりましたでしょうか」などと，丁寧な言葉に直して愛想よく言う。

a good example

- 注文を伺うときの腰の低い態度

a bad example

- お客さまを意識しない態度は不可

留意事項

- お客さまから**注文を承るという謙虚な姿勢（前傾の体勢）**を取る。両足のかかとはきちんと付けておくこと。
- 何度も指摘していることだが，手を後ろに組んで体を反らさないこと（お客さまを前にした姿勢ではない）。
- お客さまの方に顔を向けて注文を聞くこと。相手を見ずに物を言わないこと。
- 早口で言わない。強い口調で言わない。
- ゆっくりとした柔らかな口調（愛想のある言い方）で語り掛ける。

アドバイス・ぷらすワン

- 「お客さまのご注文を謹んでお受けいたします」と，謙虚な心で臨むこと。この**お客さまのことを第一に思う心**が，愛想のある言い方と丁寧な言い方，そして，親しみのある態度につながる。**サービス接遇検定の底流にある重要マインド**。
- 丁寧な言葉遣いを確実に身に付けるには，『ガイド3』の「話し方」（P.89～P.101）と，『ガイド2』の「話し方」（P.88～P.104）の事例を，繰り返し音読するとよい。正しい敬語の使い方とともに表現力も身に付く。
- 『ガイド3』の「問題処理」（P.112）から，**感じのよいお客さま応対の基本**を確認。

Column

「お客さま，お荷物をお預かりいたします」

お客さまの心情を慮った言い方を
　伝説のホテルマン，窪山哲雄さんは，こう語ります。

　荷物を持っているお客さまに対して、「お持ちしましょうか」ではなく「お持ちいたします」と、自然に言えるのが愛情だろう。
　なぜ「お持ちしましょうか」ではいけないのか。
　日本人の場合、「お持ちしましょうか」と言ったのでは遠慮されてしまい、「いえ結構です」となってしまうからである。
　こうしたお客さまの心情を察することができたり、荷物はサービスマンが持って当然のもの、お客さまの負担をかけたくないという気持ちを持っていれば、おのずと「お持ちいたします」という言葉が出てくるものである。もちろん荷物を手放すことを嫌う方もおられるわけで、そこは愛情の視点から見極めなければならないが。
（窪山哲雄著『サービス哲学』インデックス・コミュニケーションズ）

●

　確かに，ケースによっては「お荷物をお持ちいたしましょうか」という言い方になる場合もあるでしょう。でも、ここでの視点は、「ようこそ、いらっしゃいました。お疲れでございましょう。お荷物をお預かり（お持ち）いたします。では、お部屋までご案内いたします。どうぞ、ごゆっくりおくつろぎください」という、**お客さまへのいたわりの心**にあります。
　だからこそ、ここは**てきぱきとした動作**で、「お客さま、お荷物をお預かりいたします」と対応していくのがよいでしょう。何よりこの場合、動作（態度）と言い方が一致して、気持ちのよい応対になります。

6 「どうぞご自由にお持ちくださいませ」(パネルC-1)

審査員が,「それでは,こちらをそのまま言ってください」と言って,パネルを提示します。では,このパネルの言葉も実際に言ってみましょう。

「どうぞご自由に
お持ちくださいませ」

(C)-1

応答例C-1

「どうぞご自由にお持ちくださいませ」と，書いてあることをそのまま愛想よく言う。

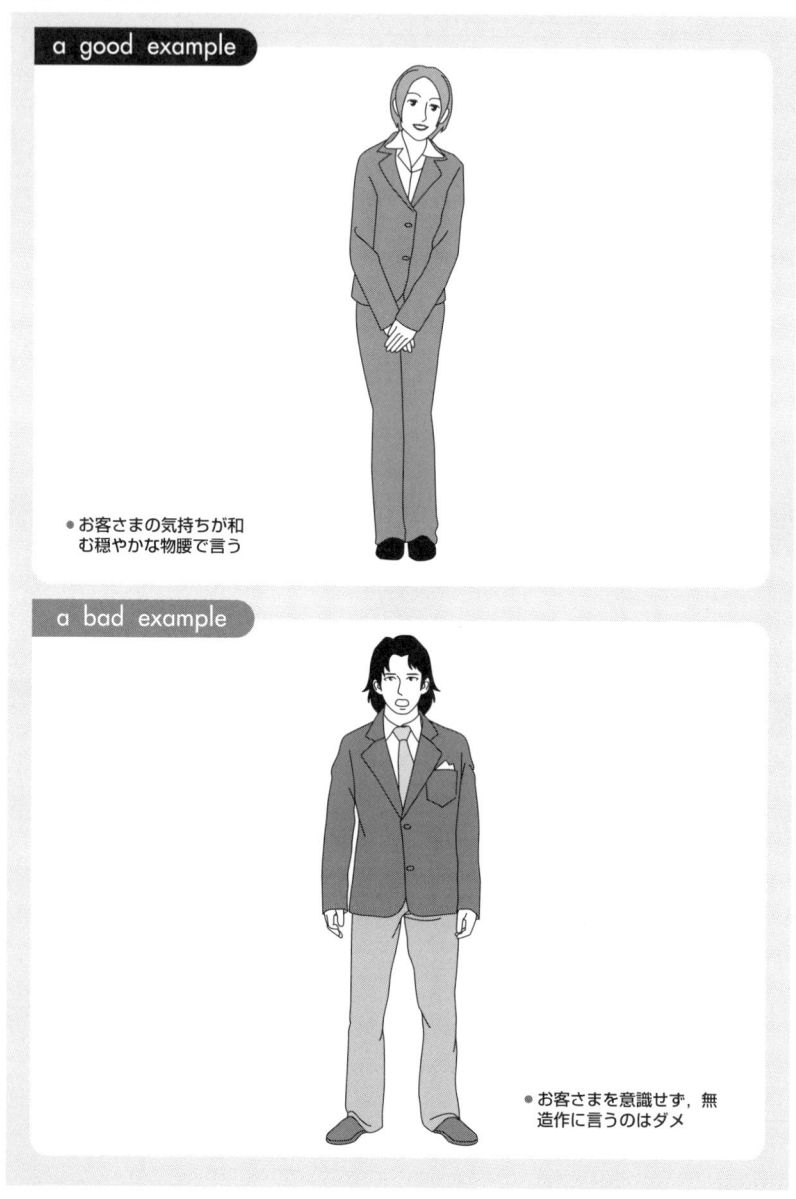

a good example

- お客さまの気持ちが和む穏やかな物腰で言う

a bad example

- お客さまを意識せず，無造作に言うのはダメ

留意事項
- お客さまに話すときの姿勢（前傾）を取る。かかともきちんと付けておくこと。
- 笑顔で，「どうぞ，自由にお持ちになって結構ですよ」という雰囲気で言う。
- 何か物を勧めるときのように，「どうぞ」に少し力を込め明るく言う（平板な言い方にならないようにする）。
- パネルの言葉を早口で棒読みしないこと。

アドバイス●ぷらすワン●
- 「どうぞご自由にお持ちくださいませ」を，柔和な表情で言うだけで，事務的でない愛想のある言い方になる。**「笑顔は、相手に対する思いやりのひとつ」**（越川禮子著『野暮な人イキな人』日本文芸社）だからである。このことを意識して応対すること。
- 「どうぞご自由にお持ち下さい」と言ったとき，例えば，その物を手で指し示すと，より感じよく映る。
- そして，ここでお辞儀をすると**感じのよさがひときわ映える**。

7 「この品物でいいか」(パネルC-2)

　審査員が,「次は,こちらを丁寧な言葉に直して言ってください」と言って,パネルを提示します。さて,どのような言い方になるでしょうか。

「この品物でいいか」

(C)-2

応答例C-2

「こちらのお品物でよろしいでしょうか」などと，丁寧な言葉に直して愛想よく言う。

a good example

● 両手は体の前で重ねて言ってもよい

a bad example

● 締まりのないいいかげんな態度で言ってはダメ

留意事項

- お客さまへ<u>注文の品を確認するときの基本姿勢（前傾の体勢）</u>を取る。この体勢は徹底して守ること。
- 両手で，きちんと注文の品を差し出すしぐさをする。このとき，差し出した両手はすぐに引っ込めないこと。また，品を片手で雑に示さない（パネルＡ－１参照）。
- ゆっくりとした柔らかな口調（愛想のある言い方）で語り掛ける。
- 照れ笑いや薄笑いを浮かべながら言わないこと。接遇者としての格が疑われる。

アドバイス・ぷらすワン

- 品物を大切に扱う姿勢で応対する。おのずと，言い方や言葉遣い，物腰が丁寧になる。**サービス接遇検定の重要マインドの一つ。**
- 丁寧な言葉遣いを確実に身に付けるには，『ガイド3』の「話し方」（P.89～P.101）と，『ガイド2』の「話し方」（P.88～P.104）の事例を，繰り返し音読するとよい。正しい敬語の使い方とともに表現力も身に付く。

Column

「ワインリストを見せてください」と おっしゃるお客さまへの受け答え

どのようなときでもお客さまを第一に考える

お客さまを立てた言い方には、さて、どのようなものがあるでしょうか。それを、林田正光さんは、次のように語っています。

たとえば、あなたがレストランで、「ワインリストを見せていただけますか？」と言ったときに、ウェイターが笑顔で、「少々お待ちください」と受け答えをしたとします。これについて不快に感じることはないでしょう。

でも、ここで少し考えていただきたいのです。

そもそも、サービスとは、お客様がどのように考えているのか、何を希望しているのかと、お客様第一で考えるべきものです。

ところが、「少々お待ちください」というのは、店の都合で、お客様に待っていただくということです。お客様がどう感じているかを確認することなしに、一方的に店側の都合を押しつけている瞬間です。

これはいけません。どんな状況であっても、自分たちの都合をお客様の承諾なしに、押しつけてはいけません。

そんなとき、**石原進一さん**（マンダリン オリエンタル 東京）は、必ずお客様にお伺いをたてるよう心がけています。

私たちがお客様にお話しさせていただく場合に気をつけているのは、**質問形**でお話しをするということです。

たとえば、ワインリストを見せて欲しいというケースなら、「かしこまりました。少々お待ちください」とは言いません。

「**かしこまりました。少々お待ちいただいて、よろしいでしょうか**」と言います。

どんな状況でも、お客様が望まれることを聞き出すというのは、私たちの基本スタンスです。お待ちいただくしかない状況でも、そのことをお客様に承諾していただく必要があると考えています。

お客様が食事を終えていた場合なら、

「**お食事はおすみでございますか。おさげしてもよろしいでしょう**

か?」
　となります。
　結局は、お客様の「YES」を一番大切にしているのです。お客様が「YES」とおっしゃらない限り、こちらの都合を押しつけるわけにはいきません。

そして、この事例から林田さんは、こう語っています。

　質問形で話をするというのは、その行為自体もすばらしいのですが、徹底的にお客様第一で考え、自分たちの都合を押しつけないという思想が、よりすばらしいのではないでしょうか。
　これは「NO」と言わないサービスにも通じるところがあります。
　「少々、お待ちください」
　「少々、お待ちいただいても、よろしいでしょうか」
　この二つのどちらかをホテルマンに言われたとしても、お客様はまったく意識することなく、受け入れてくれるかもしれません。
　でも、どんなときでもお客様第一を貫き、些細なところにまで、お客様の希望、思いを優先するのだという意識が徹底されているところにこそ、お客様が感動するサービスを生み出す土壌が培われるのではないでしょうか。
　ですから、仕事でお客様に「少々お待ちいただく」ときには、「少々お待ちください」ではなく、
　「少々お待ちいただいても、よろしいでしょうか」
　というべきでしょう。
　ほんの小さな違いですが、お客様の印象は大きく違っているはずです。
(林田正光著『伝説ホテルマンだけが知っている!サービスで小さな奇跡を起こす方法』ダイヤモンド社)

●

　ここで林田さんは「これは『**NO**』と言わないサービスにも通じるところ」があると語っています。これについては『**ガイド2**』のコラム「『**ノー**』と言わないホテル」(**P.119**) から、その意味を確認しておいてください。とても重要な**サービスマインド**です。

Ⅲ 接客対応

1 接客対応

1 接客対応

① 課題3「接客対応」に取り組む。
② お客さま（審査員）に，販売スタッフとして商品の模擬販売を行う。
③ 接客対応のときの「言葉・言い方・動作」で，行う。

1 課題3「接客対応」に取り組む

　接客応答を終えたら，審査員の「次へどうぞ」の指示で隣の接客対応へ進みます。そして，接客対応と書かれた審査員の前に立ち，**「よろしくお願いいたします」**とあいさつします。

　ここでは，審査員がお客さまです。受験者であるあなたが販売スタッフになってテーブルの上に置いてある模型の商品を販売品に見立てて，お客さまから話し掛けられたことに適切に対応していきます。

　この最終課題は，**基本言動と接客応答の基本を踏まえた，いわば総合的な実践力を審査**します。俳優が演技で観客を魅了するように，サービス接遇実務能力者として，お客さまに喜んでもらえるような演技をしてください。

販売商品　　　　　　　　　　　　　　　　　　　　goods

一部，商品が変更になる場合があります。

対応例

あなたは野菜売り場の販売スタッフである。お客さま（審査員）に，販売スタッフとして売り場にふさわしい接客対応をする。

審査員	「それでは，始めます。よろしくお願いします」
受験者A	「よろしくお願いいたします」
審査員	「こんにちは」
受験者A	「いらっしゃいませ」
審査員	「まー。これ，おいしそうなアスパラね」
受験者A	「はい，朝採れたての直送ですから，新鮮ですよ」
審査員	「そう，それじゃ，ベーコン巻きにでもしようかしら。じゃあね，アスパラを二束，それと赤と緑のピーマンを一つずつ頂くわ」
受験者A	「はい，ありがとうございます。アスパラを二束と，赤と緑のピーマンを一つずつでございますね」
審査員	「全部でお幾らかしら」
受験者A	「はい，500円ちょうどになります」
審査員	「500円ね。あっ，ちょうどあったわ。はい500円」
受験者A	「ありがとうございました。また，ご利用くださいませ」
審査員	「はい，試験はここまでとします」

　以上が，「接客対応」の全体的な流れです。
　さて，ここから，サービス接遇実務者としての役割（物腰・言い方・言葉遣い）をイメージしてみましょう。いかがでしょうか。
　それでは，次にロールプレイングのポイントを具体的に一つ一つ見ていきましょう。

2 お客さまを迎える

審査員が,「こんにちは」と,声を掛けてきます。さて,あなたはどのように対応していくでしょうか。

対応例 welcome

「いらっしゃいませ」

a good example

- 最初に前傾の姿勢で丁寧にあいさつをする
- そして,丁寧にお辞儀をする

a bad example

- 次のことはダメ
  ・無表情
  ・足を開いたまま
  ・頭だけ下げる
  ・両手の指を絡める
  ・手を後ろで組む

72　Ⅲ ■ 接客対応

留意事項
- 基本言動で学んだ「いらっしゃいませ」の体勢をきちんと取る。そして，できるだけこの体勢を保つこと。
- 棒立ちのままであいさつしないこと。また，両手の指は絡めないで，前で重ねるか（男女），ズボンの脇にきちんと付ける（男）こと。足も開かない。
- 売り場の雰囲気にふさわしく，明るく生き生きとした言い方をする。決して，棒読み口調（一本調子）では言わないこと。

アドバイス ぷらすワン
- **愛想のある言い方**を心掛ける。その一つとして，「**こんにちは**，いらっしゃいませ」というあいさつの仕方がある（この逆でもよい）。お客さまの「こんにちは」に対して，愛想よくあいさつを返す。これが**親しみのある態度（雰囲気）をつくる基本**になる。
- このとき，お客さまの目を見て**明るく生き生き**と言うこと。これによってその後の対応にも弾みがつく。
- 明るく生き生きとした言い方をするには，話し始めるときの第一声を，特に意識して高めにするとよい。これは繰り返し述べてきている**「明るさ」をつくるための重要なポイント**の一つである。最初が肝心というわけである。

Column
あいさつ言葉の効用

お客さまにリラックスしていただくために
　林田さんは、「あいさつの段階からお客様にリラックスしていただくことを心がけて」いたと言い，次のように語っています。

　お客様に最初にお声がけするときに、「いらっしゃいませ」とは言いません。「いらっしゃいませ」だけでは、お客様に固い印象を与えてしまう恐れがあります。お客様はこわばった表情で、「んん、どうも……」という反応になってしまうのです。
　そこで私は必ず、
「おはようございます。いらっしゃいませ」
「こんにちは。いらっしゃいませ」
「こんばんは。いらっしゃいませ」
と、あいさつの言葉を最初に言っていました。
　「笑顔で「こんにちは」と言うと、お客様もリラックスした感じで、「こんにちは」と返してくれます。
　お客様と気持ちよくあいさつを交わすところから、パーソナルな会話が始まり、お客様のニーズを知り、お客様に適したサービスを提供することも可能になります。
　気持ちよくあいさつを交わした後なら、リラックスした雰囲気で、
「いまから、どちらへお越しですか？」
とお尋ねすることもできるでしょう。
　レストランへ行く、バーへ行くということがわかれば、
「よろしければ、私がご案内いたしましょう」
とご案内することができます。
　レストランやバーがどこにあるかわかりにくいケースもあるので、こうしてご案内させていただくと、とても感謝されました。
　つまり、リラックスした会話の中から、さりげなくお客様のニーズを探り、レストランやバーまでご案内したのです。ちょっとした会話の中から、お客様の嗜好、ニーズを感じ取り、お客様がストレスなく、気持ちよく行動できるように心を配りました。

(林田正光著『伝説ホテルマンだけが知っている！サービスで小さな奇跡を起こす方法』ダイヤモンド社)

　いかがでしょうか。これが愛想のある言い方です。そして，これに笑顔を添えれば愛嬌になり，親しみのある態度をつくることができます。
　「おはようございます」「こんにちは」などは，普段，何げなく使っている言葉ですが，だからこそ，お客さまの心を和らげることもできるのでしょう。また，日本語には，四季折々にまつわるあいさつの言葉など，思いやりの心に裏打ちされた言葉がたくさんあります。一度，その言葉と心を研究してみてはいかがでしょうか。

3 お客さま対応1

次に,審査員が「まー。これ,おいしそうなアスパラね」と,尋ねてきます。さて,販売スタッフとして,あなたはどのように対応していけばよいでしょうか。

対応例　　　　　　　　　　　　　　　　　　　　response

「はい,朝採れたての直送ですから,新鮮ですよ」

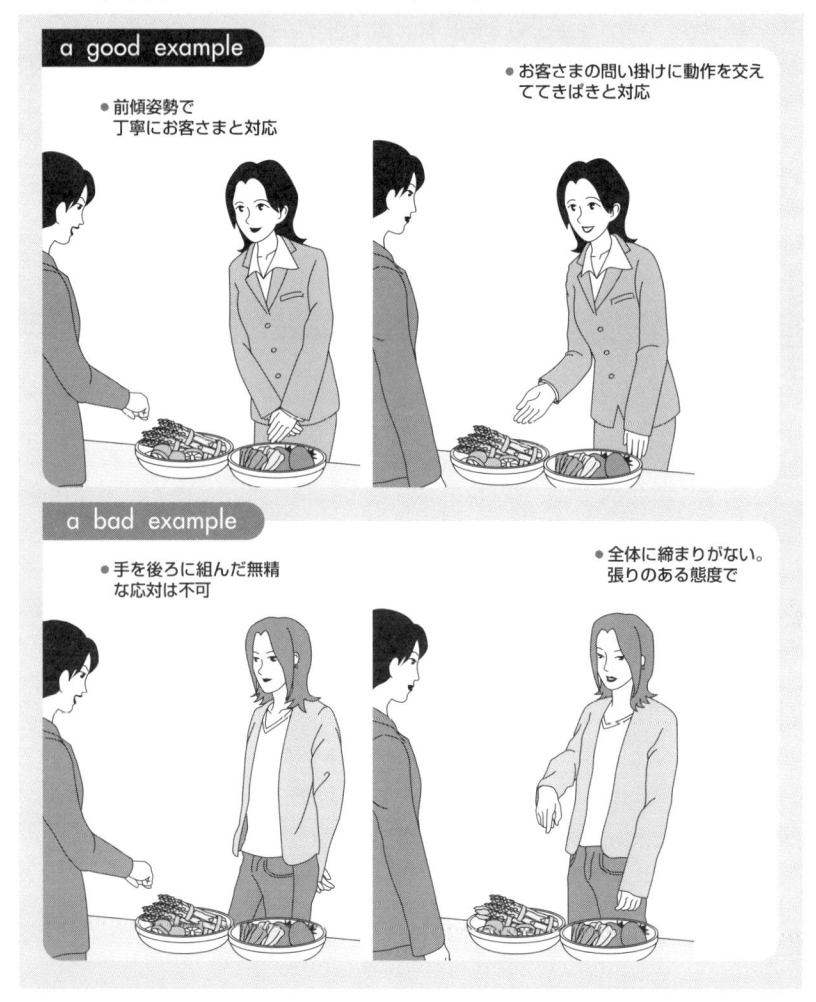

a good example

- 前傾姿勢で丁寧にお客さまと対応
- お客さまの問い掛けに動作を交えててきぱきと対応

a bad example

- 手を後ろに組んだ無精な応対は不可
- 全体に締まりがない。張りのある態度で

留意事項
- お客さま対応の**基本姿勢である前傾の体勢**は崩さないこと。
- 「はい……」と受け答えをするときは，前傾のままで**うなずく**。
- お客さまに品物を示すときは，右手のひらがお客さまに見えるようなやり方で指し示すこと（人差し指で指ささない）。このとき，左手は大腿部に付けておくか（女性），ズボンの脇にきちんと付けておく（男性）。
- 言わずもがな，手は後ろで組まないこと。

アドバイス・ぷらすワン・
- 両手は前で重ねたままで対応してもよいが，前傾の姿勢は崩さないこと。
- 品物を右手で示すとき，「はい，**こちらのアスパラでございますね。朝採り立ての直送ですから，とても新鮮ですよ**」と言えば，より丁寧で，しかもベストな応答になる。
- 新鮮な野菜であることを，雰囲気として伝えることも重要。そのためには，**てきぱきした動作とともに明るく生き生きとした口調**で対応することが必要。
- お客さまの「おいしそうなアスパラね」と言っている言葉に対して，「お客さまのお見立ての通りでございます」との思いを込めて対応していけば，**お客さまを立てた（意識した）接し方**になり，**愛想のあるセールストーク**になる。これが**サービスマインド**である。**常にお客さまの言葉に乗って，対応していく**というわけである。
- このサービスマインドが，接遇者としての「物腰・言い方・言葉遣い」をつくっていることになる。

4 お客さま対応2

さて,あなたが「はい,朝採れたての直送ですから,新鮮ですよ」と愛想よく対応した後,審査員が「そう,それじゃ,ベーコン巻きにでもしようかしら。じゃあね,アスパラを二束,それと赤と緑のピーマンを一つずつ頂くわ」などと注文してきます。さあ,ここでは,どう対応していけばよいでしょうか。

なお,面接試験では注文の品を袋に入れたり,それをお客さまに渡すことまでする必要はありません。注文の品は,野菜のかごから取り出し,その近くに置いておけばよいでしょう。

対応例 response

「はい,ありがとうございます。アスパラを二束と,赤と緑のピーマンを一つずつでございますね」

a good example

- お客さまの注文に丁寧に応答
- 品の取り扱い方に丁寧な心が伝わる

a bad example

● 品のわしづかみなど雑な扱い方はダメ

留意事項
- お客さまの目を見て,「はい,ありがとうございます」と言って前傾姿勢になり,それを崩さずに,注文品の復唱をすること。
- 復唱は,注文の品を一つずつ指し示しながらてきぱきと行う(「○○と○○でございますね」のように)。
- 注文品の復唱をするときは,早口にならないように注意する。
- 注文の品は,一品一品丁寧に取り扱う。

アドバイス・ぷらすワン
- 一つ一つの商品を**丁寧に扱う心**が,丁寧な物腰や言葉遣いなどに表れる。この意識を持つことが重要。これが**お客さまからの信頼を得,再来店を促す**ことにもつながってくる(『ガイド2』から「金品管理」P.130~P.133と「金品搬送」P.134~P.136を参照)。
- 復唱するときは,歯切れよく話す。動作もてきぱきとした感じになり,見ていて気持ちがよい。
- 注文の品の復唱が終わったら,もう一度,お客さまの目を見て確認のしぐさをすると,より丁寧で感じよく映る。

1 ■ 接客対応

5　お客さま対応3

次は会計です。お客さま（審査員）が**「全部でお幾らかしら」**と尋ねてきます。会計金額は幾らでも構いません。愛想よく対応してください。

対応例　　　　　　　　　　　　　　　　　　　　　　　response

「はい，500円ちょうどになります」

a good example

● 常に丁寧な態度で

a bad example

● お客さまを意識しない横柄な態度はダメ

留意事項
- 前傾姿勢を取り,「はい,500円ちょうどになります」と言って少し頭を下げる。
- 金額が正しく伝わるように,はっきりとした言い方で話す(口ごもった言い方はしない)。
- 「早く代金をお支払いください」というような態度と言い方はしない。

アドバイス●ぷらすワン●
- 前傾姿勢で代金を伝え,その後ほんの少し頭を下げるのは,お客さまからの代金の頂き方の姿勢(態度)である。
- 金額を早口で伝えると,どうしてもせかしているような感じになる。ここは,買い上げてもらった感謝を込めて,丁寧に話すとよい。これによって,お客さまもあせらずに代金を出すことができる。

❻ お客さま対応4

いよいよラストシーンです。お客さま（審査員）が「**500円ね。あっ，ちょうどあったわ。はい500円**」と言って，500円を渡すしぐさをします。さて，あなたなら，その後どのような応対をするでしょうか。

対応例　　　　　　　　　　　　　　　　　　　　　　　　　thanks

「ありがとうございました。また，ご利用くださいませ」

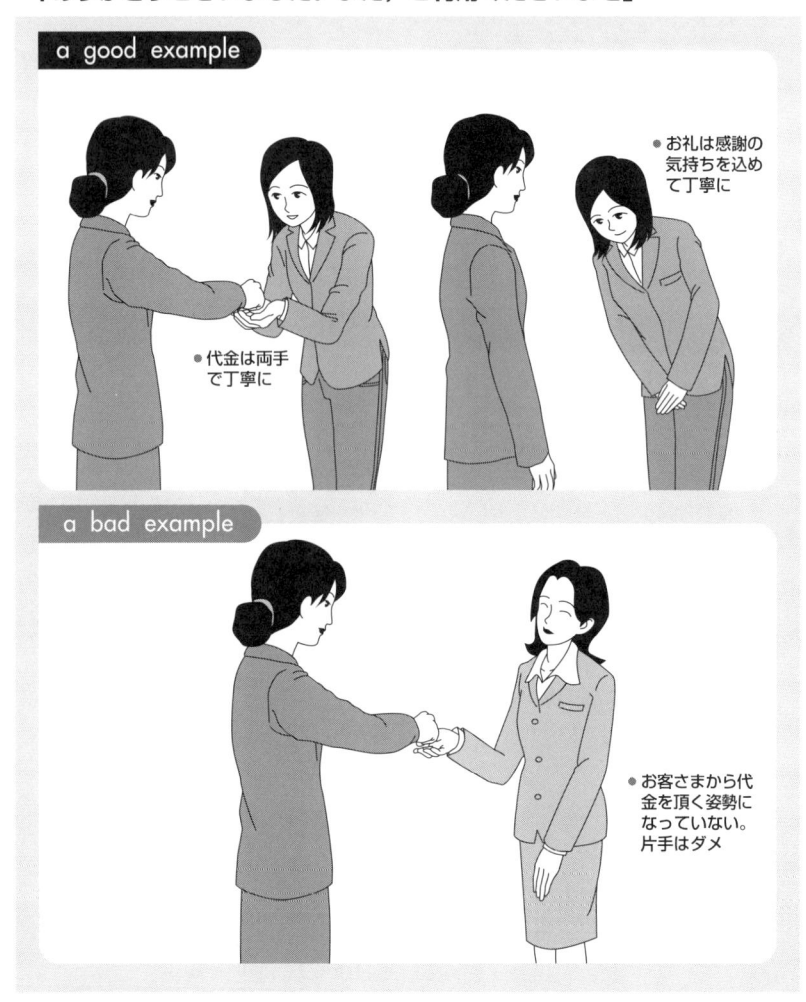

a good example

- 代金は両手で丁寧に
- お礼は感謝の気持ちを込めて丁寧に

a bad example

- お客さまから代金を頂く姿勢になっていない。片手はダメ

82　Ⅲ　接客対応

留意事項

- 代金は，前傾姿勢のまま両手で受け取り，「ありがとうございました」とお礼を述べる。そして，その前傾姿勢から，「また，ご利用くださいませ」と言って，丁寧にお辞儀をする。
- 右手（左手）だけで代金を受け取るなどの無精な受け取り方はしない。
- 早口で話さない。
- お辞儀は，基本通りに丁寧に行う。

アドバイス ぷらすワン

- お客さまへの最後のあいさつは，**温かみのある言い方**で。そのためには，丁寧な調子は崩さずに，**柔らかく感じられる言い方の調子**を心掛ける。その基本となるものは**笑顔とお客さまへの感謝の心**である。これが**感じのよい接客対応**。すると，再来店も期待できる。
- いくら丁寧な言葉遣いでも，言い方（口調）によっては丁寧に聞こえない場合もあるので，**丁寧な調子の言い方**で話す。例えば，お客さまの表情を見ながら，**聞き取りやすい発音とテンポ**で話す，など。
- 代金を受け取るとき，より丁寧さを表すならば，まず「ありがとうございます」と言ってお辞儀をし，それから，少し上体を起こした体勢（前傾）で代金を受け取る方がよい。そして，その体勢のまま「また，ご利用くださいませ（また，よろしくお願いいたします）。本日はありがとうございました」とあいさつをし，もう一度お辞儀をすれば，**ベストな応対**になる。

7 退室

あなたが「ありがとうございました。また、ご利用くださいませ」と言った時点で審査員が**「はい，試験はここまでとします」**と，面接試験の終了を伝えます。これを受けあなたは，審査員にあいさつをして退室します。適度な緊張感を保ち，気を抜くことなく退室してください。この意識が，就職面接などでも役立ちます。

退室する際の対応例　　　　　　　　　　　　　　　　good luck

「ありがとうございました」と，接客対応の審査員にあいさつをします。このとき，審査員から**「サービス接遇検定＜準1級ロールプレイングアドバイス＞」**シートが手渡されます。これは，1級面接試験に際しての自己点検の資料として，また，就職面接のときの参考となるものです。大いに活用してください。

このシートを受け取ったら，出入り口のドアまで進み，審査員が座っているテーブルの方を向き，**「失礼いたします」**とあいさつをして荷物を持って退室します。この後，次の受験者が審査員から呼ばれ，同じように第1課題から取り組みます。

Column

「接客対応」の実例から ──
ロールプレイングは楽しみながらする

さて，ここで「接客対応」の実例を紹介しましょう。まるで，お客さま（審査員）との間でロールプレイングを楽しんでいるような，そんな事例です。

審査員	「こんにちは」
受験者	「こんにちは，いらっしゃいませ」
審査員	「アスパラ2束とピーマン3個を別々の袋に入れてくださらない。アスパラは隣の奥さんに頼まれたの，お願いね」
受験者	「はい，アスパラ2束とピーマン3個を別々に，でござい

|||ますね，承知いたしました。ありがとうございます。ところで，お客さま，こちらのシイタケはいかがですか，群馬のシイナ・タケオさんという農家の方が丹精込めて栽培した物でございます。ぜひ，一度ご賞味ください」
| 審査員 | 「うまいこと言うわね，そうねぇ，少しまけてくれたら買ってもいいわよ」
| 受験者 | 「はい，お客さまはとてもすてきな方ですから，特別におまけいたします。お隣の奥さまには，どうぞ，内緒にしておいてくださいね」
| 審査員 | 「またまた，ほんとにお上手ね，あなたには負けたわ，じゃ，シイタケも頂くわ。2本ちょうだい」
| 受験者 | 「ありがとうございます。本日の福袋でございます。」
| 審査員 | 「どうもありがとう，また来るわ」
| 受験者 | 「ありがとうございました。また，よろしくお願いいたします」

いかがでしたか。

映像でお見せできないのがとても残念です。でも，この対応事例から，**愛想と愛嬌のある雰囲気**は十分に伝わってくるのではないでしょうか。

では，ここでいう雰囲気とは何か。それは，きちんとした接遇態度の中にも，**ほんわかとした柔らかさ**があるということです。これはまた，**お客さまの気持ちをホッとさせる，和ませる雰囲気がある**，といってもよいものでしょう。

四角四面の応対ではなく，感じのよいお客さま応対。これが，**審査基準の「愛想のある態度（雰囲気）が普通を超えている」応対**です。

このロールプレイング，あくまでもその一例に過ぎません。応対の仕方は他にもいろいろあるでしょう。あなたの個性を生かして，売り場の雰囲気にふさわしい接客対応に臨んでください。

でもこのとき，調子に乗り過ぎてお客さまから反感を持たれないように注意してくださいね。

1 ■ 接客対応　　85

8 総仕上げ

　この面接試験において，お辞儀とあいさつがきちんとできるということは，評価の上で大きなポイントになります。それは，お辞儀とあいさつが，審査のポイントである**「愛想のある態度（雰囲気）が普通を超えている」**ことを満たす基本条件の一つだからです。これが，**あいさつとお辞儀がきちんとできることの意義**です（序章「あいさつの意義」参照）。そして，だからこその「基本言動・接客応答・接客対応」なのです。

　その意味で，お辞儀の仕方とあいさつの仕方は，サービス業務にとって重要な位置を占めていることになります。その意義を，十分に認識しておいてください。

　では，ここで**基本言動と接客応答の総合的な実践力を審査する「接客対応」**の事例から，その基本をおさらいしておきましょう。総仕上げのラストレッスンです。

　なお，このとき，DVD『サービス接遇検定準1級／1級面接合格マニュアル』を併用するとより効果的です。参考にしてください。

体　勢　master the fundamentals①

◆お客さまの前に立つときは，少し腰をこごめた前傾姿勢を取る。これがお客さまを意識した（立てた）接し方である。そして，この謙虚な体勢をできるだけ崩さずに応対すること。
　　＊ただし，視線はお客さまに向けて対応する。決して伏し目にはならないように。

表　情　master the fundamentals②

◆常に，柔和な表情を心掛ける。これが愛想と愛嬌の第一歩であり，親しみのある態度をつくる基（もと）である。
◆ほほ笑みをたたえながら応対する。これが柔和な表情をつくる。
　　＊「江戸しぐさには『お愛想目つき』というものがあります。買い物に来たお客に対して，言葉だけでなく，目つきにも感謝を込めなさいというしぐさです。目つきに感謝を込めるというのは，すなわち柔和な目つきをすること。少し笑顔を含んだ目つきなら，お客の気持ちも和み，またこのお店に来ようとなるものです」（越川禮子著『野暮な人イキな人』日本文芸社）。

お辞儀の仕方

◆背筋を伸ばした姿勢をきちんと取る。かかとはきちんと付けておく（つま先はややV字に広げる）。
◆両手は前で重ねる（男女）か，ズボンの脇（男）にきちんと付ける。
◆お辞儀は，早すぎず遅すぎずの適度なテンポで行う。このとき，頭だけ下げて背中が丸くならないように注意する。あごをやや引き気味にし，**頭・首・背中を一直線**にする。
◆上体を倒した（頭を下げた）後，**すぐには戻さず一瞬止め**，その後，下げたときよりもゆっくりとしたテンポで戻していく。これが接遇者としての丁寧なお辞儀の仕方。

話し方

◆あいさつは，ほほ笑みながら，張りのある明るい声で。
　＊早口にならないように注意すること。早口には，用件を早く済ませてしまおうとする感じがあり，お客さまのことを考えていない印象を持たれる恐れがある。
◆声のトーンは少し高めの方が明るく聞こえるので，話し始めるときの第一声は，特に注意して高めにする。
◆いくら丁寧な言葉遣いでも，言い方（口調）によっては丁寧に聞こえない場合もあるので，**丁寧な調子の言い方**で話す。例えば，お客さまの表情を見ながら，**聞き取りやすい発音とテンポで話す**，など。
　＊せりふの棒読み，一本調子の言い方はしない。
◆お客さまを意識した丁寧な話し方を心掛ける。例えば，お客さまの表情を見ながらゆとりを持って話す，など。これが，柔らかく温かみのある言い方につながる。
◆ゆっくり話すということは，それだけ言葉に思いを込めているということ。そして，それが**丁寧である**ということ。

言葉遣い

◆丁寧な言葉遣いは，お客さまにきちんとした印象を与え，信頼感を得ることができる。
◆丁寧な言葉遣いを確実に身に付けるには，『ガイド3』の「話し方」（P.89～P.101）と，『ガイド2』の「話し方」（P.88～P.104）の

事例を，繰り返し音読するとよい。これによって，基本的な敬語の使い方とともに表現力も身に付く。

◆**丁寧な言葉遣いを身に付けることによって**，その底流にある**「人を思いやる心」**に考えが及ぶようになる（『ガイド2』コラム**「言葉の心」**P.16）。すると，言葉の一つ一つに心が伴うようになり，事務的ではない思いやりのある丁寧な言葉遣いになる。**気遣いを表現するのが丁寧な言葉遣い**というわけである。

Column

演技と自己表現
テレビドラマのオーディション会場で

　脚本家の大石静さんは，テレビドラマ準主役のオーディションの会場で，ある候補者のことを『週刊文春』の連載エッセーの中で，次のように書いていました。

　独り暮らしの女が、自分のマンションのキッチンで、ワインを飲みながら、料理をするというシーンがある。作っている料理は、チャーハン。ここで、ある候補者は、飲んでいるワインを、炒めているご飯にちょこっとふりかける芝居をした。これは、ト書きで指定された動きではない。彼女が自分で考えた動きである。「よく考えているな」と、わたしは思った。

　何よ、そのくらい、わたしにだって考えられるわよ、と思われる読者もあるだろう。が、オーディションという、異常な緊張と雰囲気の中で、考えてきたことを、ささやかにでも表現するには、よほど事前に稽古していないと、思いつきでできるものではない。

　その子が、自分の家で、何度も何度も、このシーンを、稽古している様子がわたしの目に浮かんだ。

　　　　　（大石静著「わたしってブスだったの？」週刊文春）

いかがでしょうか。
　与えられたト書き（役割）の中で，ささやかにでも工夫する態度と

努力，これが観衆に感動を与えることにもなるでしょう。言葉を換えて言えば，「**見た目のよさ（表現力）は，内面（こころ）の努力の結果**」なのです。

　これは，サービススタッフにも同様のことがいえるでしょう。「パリのカフェで目にする，ボーイの感じのよい笑顔に日本の女性はしばしば参ってしまうようだ。しかしあれも，自然に出る笑顔ではない。鏡を通して研鑽（けんさん）を積んだ結果の，笑顔である」（木村尚三郎著『作法の時代』PHP研究所）からです。これが**表現力**です。**お客さまとの人間関係（コミュニケーション）を形づくろうとする意思の実践**です。

　さあ，オーディションにでも参加するつもりで，基本言動から接客対応まで，もう一度あなたの演技をチェックしてみてください。もちろん，このときの精神的支柱は，「お客さまのために」「お客さまに喜んでもらうために」の**接遇者魂**（サービスマインド）（役者魂）です。

　そして，この自己点検によって，**最高の「感じのよいお客さま応対」を自己表現**（パフォーマンス）してください。

1 ■ 接客対応　　89

引用・参考文献（順不同・敬称略）

田辺英蔵著『サービスの本質』（ダイヤモンド社）
窪山哲雄著『サービス哲学』（インデックス・コミュニケーションズ）
高野登著『リッツ・カールトンが大切にするサービスを超える瞬間』(かんき出版)
渡邉美樹著『サービスが感動に変わる時』（中経出版）
林田正光著『伝説ホテルマンだけが知っている！
　　　　　　　　サービスで小さな奇跡を起こす方法』（ダイヤモンド社）
林田正光著『リッツ・カールトンで学んだ
　　　　　　　　　仕事でいちばん大事なこと』（あさ出版）
越川禮子著『野暮な人イキな人』（日本文芸社）
竹内一郎著『人は見た目が9割』（新潮新書）
木村尚三郎著『作法の時代』（ＰＨＰ研究所）
大石静著「わたしってブスだったの？」（週刊文春）
第一生命『平成サラリーマン川柳傑作選』（講談社）
木村政雄著『笑いの経済学―吉本興業・感動産業への道』（集英社新書）
夏目漱石作『虞美人草』（岩波文庫）
ウィリアム・シェイクピア作，福田恆存訳『新潮世界文学2
　　　　　　　　シェイクスピアⅡ』から「お気に召すまま」（新潮社）
松村明編『大辞林』（三省堂）
松村明監修『大辞泉』（小学館）

本書を編集するに当たって，以上の書籍等を参考にさせていただきました。
この場を借りて，御礼申し上げます。

サービス接遇検定 受験ガイド準1級

2007年10月20日　初版発行
2017年12月20日　第5刷発行

編　者　公益財団法人 実務技能検定協会©
発行者　笹森 哲夫
発行所　早稲田教育出版
　　　　〒169-0075 東京都新宿区高田馬場一丁目4番15号
　　　　株式会社早稲田ビジネスサービス
　　　　http://www.waseda.gr.jp
　　　　電話 (03)3209-6201

落丁・乱丁本はお取り替えいたします。
本書の無断複写は著作権法上での例外を除き禁じられています。購入者以外の第三者による本書のいかなる電子複製も一切認められておりません。